Till dig som går vid min sida

© 2013 William Grönlund
Förlag och tryck: BoD
ISBN: 978-91-7463-151-7

Förord

Så skrev jag i vila. Allt är tillkommet i korta stunder. För det mesta på parkeringar. Ofta utanför dagis, eller skola. Där, där mina barn är.

Två på hotellrum i Polen, en i en säng i Togo.

När pennan mött pappret har jag sällan sett ett slut. Inte heller önskat se det. Jag har önskat att få vara i pennans lopp över pappret. Vara i.

Och visst har jag redigerat en del. Något komma har tillkommit, ett radbrott trängts sig på och något ord tagit till flykten. Det är inte mycket. Ju noggrannare jag hyvlar och putsar plankan, desto längre rör jag mig från trädet. Så är det alltid.

Jag vill inte tjäna något. Jag vill bara häva mig bakåt och önska att du finner något som kan följa dig.

Om det ändå skulle bli en pekuniär vinst tillfaller den en riktningsvisare, en strålande positionsgivare i skymning och mörker.

Allt tillfaller *Polstjärna**.

* Polstjärna är en insamlingsstiftelse vars mål är att motverka utanförskap bland barn och ungdomar i Sverige

Jag kan inte låta bli,

att läsa,

att knulla,

att snusa

och dricka te.

Men det finns så mycket annat också

som jag inte kan låta bli,

men som jag inte vet hur man gör.

Älska, till exempel.

Det är bara med kroppen i vila,

som jag ser.

Så går strax bussen,

i vilken mitt barn sitter.

Han åker själv nu,

med eget kort.

Den korta dialogen med busschauffören

för han själv,

så ledigt och lätt.

Bussen tar honom med

och mina ögon vilar

på en tom busshållplats.

Den

Älskad, valhänt

och vacker.

Hur jag än vrider på den

och vänder,

upptäcker jag inget annat,

än det den vill att jag

ska se.

Barns röster når så långt -

inte för att de är starka, kraftiga eller högljudda.

Det är för att de är så lätta.

Lätta, så luften bär.

To me this society is like a prison.

Everywhere I go there is a gate to close,

a door to lock

or a security arrangement that needs to be

neutralized.

Lindesbergs badhus

Magen kurrar.

Jag längtar inte längre,

det har jag slutat med.

Barn passerar, ett efter ett,

tillsammans med käcka mammor.

Käcka, ofta jävligt stressade.

Kvinnan i kassan har ett ljust tilltal.

Luften är våt,

långsam.

Klor anas,

som ett sting.

Drickakylen surrar,

lågt och långsamt,

ständigt.

Människorna ska träna.

De längtar fortfarande.

Det gör inte jag.

Jag väntar,

väntar på mitt

urinläckage.

Jag kan inte stå för något jag skriver.

Inte stå för mig själv.

Jag står själv.

Vem är så trångsynt,

så bortom all räddning,

att han eller hon söker sanningen?

Vilket tröstlöst projekt!

M och Astrid

Rosa skor, vit- och lilarandiga tights och en skrikande grön t-shirt. Solen slår in från sidan, bryter alla höstfärgade trädkronor och får hennes oborstade igelkottehår att glimma. Hon studsar och dansar längs med gångvägen upp mot bilen. Oavbrutet glatt spelande på det munspel som hon ska ta med sig hem. På baksidan av hennes illgröna t-shirt återfinns ett citat:

"Kära lilla krumelur

jag vill aldrig bliva stur."

Glad?

Inte i något avseende

vet jag vad jag ska skriva om.

I alla hänseenden

blir jag hänryckt,

min oförmåga till trots.

Jag minns när jag var ung.

När jag köpte öl för mina sista pengar,

hävde mig bakåt och njöt.

Idag har jag mer än någon behöver.

Det och skuld.

Då, när jag hävde mig bakåt, hade jag ingenting.

Ingenting alls.

Jag dör som ett träd.

Vi talar om balans.

En balans mellan

vad vi bör,

vad vi måste

och vad vi vill.

Det är ingen som förstår systemet,

men fogar sig självklart i det ändå.

Ingen hör frågan,

förstår någon att det är ett svar?

    — Var ligger din längtan?

— I handskfacket, i någon annans bil.

Min manschauvinism

Jag tänker stå upp och pissa,

så länge jag bara kan!

Born

Gungorna hålls kvar i vattenglittrande kedjor. Svarta gummiflöten som inte tillåts nå hela vägen ned till den blöta sanden. Där är dem. De är tre jämnstora, som hänger där blickstilla, som om de väntar på fångst. Nu lämnar de bara varsin skugga.

Försöker

Lägger an pennan mot pappret

– Pappa, åååååk!

– PAPPA!

– Ja, svarar jag.

– ÅÅÅÅÅÅK!

Nu åker vi.

Kanske kommer jag en dag att omfamnas av *den* ynnesten. Ynnesten av att få dö på ett välstädat golv.

Jag somnar aldrig om,

bara nästan,

med konservöppnaren

bänder jag upp en ny dag.

Jag har en röst

och ben som bär.

Min hand stryker

deras kinder.

Munnen ler.

Där under finns inget.

Inget som är jag.

Allt sitter löst.

När ska mina läppar

få möta en längtan efter mig?

<u>23 juli 2012</u>

Fem ballonger har jag sett

lyfta mot Göteborgshimmelen idag.

Ibland

Till vardags passerar alla, i rörelsen mellan inloggningsproblem på jobbdatorn och det klibbiga riset på köksgolvet. Allt går fort, som i en svepande rörelse. Och jag låtsas. Jag låtsas att jag lyssnar, låtsas att jag finner någon verklig tillfredsställelse i avslutade arbeten och påbörjade projekt.

Men så händer det, plötsligt! En människa bryter sig loss och framträder. Ofta varar det bara några sekunder, då jag ser allt och detaljerna – samtidigt. Ser människan. Den sneda tandraden, rynkan som följer ögonbrynet, alla vårkläckta fräknar, en och en, den böjda ryggen och blicken som strävar uppåt.

Jag får läsa den historia kroppen bär. Men bara en kort, kort stund. Boken slås ihop för snabbt. Jag hinner bara ana, innan riset åter fortsätter fastna under mina fötter.

Tystnad sväljer så mycket

av allt jag vill få sagt.

Den tillhandahåller ett

utmärkt skydd mot granskande blickar.

Den är en optimal plats

för oss som inte vågar.

En plats att stilla dö.

Förnekelsen färdas fortare

än vad jag för ögonblicket

vill inse.

Som om jag skulle kunna

vara lycklig.

Som om jag hade ett val.

Jag har en insikt insprängd

och förankrad

i urberget.

Om den insikten avlägsnas

följer ju berget med.

Oj, vad ska jag göra då?

Det går

Lek med tanken att du är lycklig för ett ögonblick. Lek med tanken att du är i balans. Inbilla dig att du faktiskt ser strålglansen när solen går ned och det ärliga i ditt barns undran.

Föreställ dig att du ser dig själv som sexig, genialisk och medkännande. Dröm om stordåd och landvinningar som *alla* finner sitt ursprung i dig.

Se – det gick.

Jag färdas genom ett landskap

av ungt björksly,

en sol som färdas med horisonten

och tysta breda vatten.

Mitt vemod

är de lodräta plankorna

i ett nyanlagt vitt staket,

som omsluter någon annans trädgård.

Längtar efter kött,

befrielse

och svett.

Orgasm. Ljud.

Oförställda

Hårda.

Njut. Njut. Nu.

Jag vänder mig mot dagen.

Lyssnar till de dämpade röster,

som dör.

Somnar inte längre.

Somnar inte alls.

I vilket annat samhälle som helst

hade min oförsiktighet,

tolkats som just det.

Här är jag ohållbar.

Jag.

Definiera ditt!

Ditt område!

Ditt projekt!

Din känsla!

Ditt barn!

Med allt som inhägnas,

lämnas så mycket mer utanför.

Höstfärger letar

sina förklaringar.

De söker sitt ursprung

på den leriga marken.

Ladusvalans visslande färd,

står ingenstans att finna.

Jag vet inte hur det kommer sig. Att när jag börjar skriva har jag ingen aning om hur det ska sluta, eller att det ska sluta.

Kanske är det fibrerna i pappret som böjer sig mot ett gemensamt slut, eller så är det bara det att jag är så jävla pissnödig!

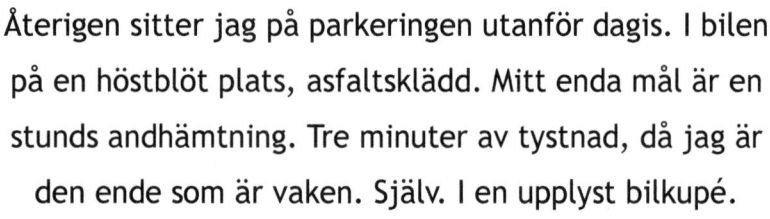

Återigen sitter jag på parkeringen utanför dagis. I bilen på en höstblöt plats, asfaltsklädd. Mitt enda mål är en stunds andhämtning. Tre minuter av tystnad, då jag är den ende som är vaken. Själv. I en upplyst bilkupé.

Hur böjer sig trädet för att hitta vinden?

Genom en smutsrostad ruta,

bryter sig solens strålar in.

I ögonvrån lyser allt upp,

men mitt för mig

finns mitt papper,

min penna.

Så bryts längtan

i mitt bröst.

Bryts mellan revben

och förstånd.

Men att formulera den,

att förstå en strävan

hos en gråsten,

att höra längtan

där inga ljud finns.

Min törst

släcks dagligen,

men kommer igen.

Och längtan vilar

outryckt och påtagligt

osläckt.

Längtan efter att vara,

någon annan än jag.

Tröttheten landar så djupt i mitt mellangärde.

Skulderbladen strävar utåt och böjer min rygg.

Huvudet vilar mot närmsta vägg.

Om jag bara fick sova,

där vårsolen varit.

Vinden ger ton,

även över mynningen

på en AK47.

Så står stillheten här,

men ingen tystnad

finner sin fulländning.

Otvättad Toyota

Vårsolen värmer

genom mitt bilfönster,

som vore det en

Mercedes.

En stund

Vi pratar om farfar. Jag och M.

— Han är död, va?

— Ja.

— Han var sjuk, eller hur?

— Ja.

— Men en stund klarade han sig i alla fall från döden!

— Ja M. Det gör vi alla. Du med

Mycket ler åt mig – ständigt.

Glänser i välordnade fönster,

putsat, ordnat och placerat

i konstruerad harmoni.

Inte så konstigt att jag så gärna

tillbringar tid på utedass.

Inte i väntan på,

bara i,

i mellan -

är.

Följer det djupa mullret

av långtradare,

det lindrande regnet

mot min bilruta.

Är hos bokmärket

som hänger i min backspegel.

Är i,

i väntan.

Att gasa,

ånga på,

växla upp.

Ingen tumme

i mellan.

Kort också

mellan

ord och handling.

Effektiv.

Energisk.

Empatistörd.

Snälla

Minns gråsparven

och hur jag krossade

det lilla huvudet

mot grindstolpen.

Hur jag plockade

harkrankens ben

ett efter ett,

harkrank efter harkrank.

Och alla de myror

jag brände,

de hundar

jag hängde upp.

Jag omfamnar mitt barn,

jag hänger en hund.

Vill bara finnas kvar en stund,

efter jag gått därifrån.

Jag andas med en ångmaskin,

tänker med en tröska.

Äter, sover och ler,

gör jag inte alls.

Kyssen,

är för drömmar.

Och talar?

Ja, det gör jag mest,

med mig själv.

Någon rör sig

här

hos mig.

Flyter i min periferi,

med rävsången,

med den avlägsna

motorvägen

och de sista dropparna från taken.

Någon flyter i min periferi.

Ser på mig.

Och flyter vidare.

Någon annans

Spotlighten bränner

min nacke,

tröttheten

kuvar rygg,

slår rot i mina

ögonlock.

Inte lever jag för någon annans drömmar.

Plockar upp

och ler

försiktigt

genomskinligt

Jag vill inte mer!

Vad ska jag med mig själv till?

Nu

De ljud jag söker finns här.

Inte kan jag namnet på några fåglar,

men de kvittrar och kraxar.

Spolljud, en bit bort,

från restaurangens kök.

Försiktigt porslin, när jag lyfter min kopp.

Också tillkommer solen,

som hittar min rygg och den döende vintern

i stråk hos svala vindar.

Det är så sällan jag lyfter en kopp på det viset,

men jag gör det nu.

I utkanten av Mariebergsskolans gård, bakom huset, står ett rönnbärsträd.

Jag sitter fortfarande där. Högt upp.

Min familj, alla utom jag, tränger in sig i ett sjöflygplan.
Fyra barn har vi, jag och min fru.
Dem skjuter iväg över en blank sjö
och lyfter.

Jag får inte, men gör det ändå.

Jag tänker på den lösa muttern i motorn.
Jag tänker på den förvirrade sjöfågeln,
som är där den inte ska.

Jag får inte, men gör det ändå. Där på stranden.
Planet seglar mot en klarblå sky och böjer av västerut.
För ett ögonblick gör jag det jag inte får, men inte kan
låta bli.

För ett ögonblick andas jag inte längre.

Jag samlar ihop glasskålar i plast och en kvarglömd
stövel.

Jag går på vår dammiga sommarväg.

Hem.

- Kan vi inte ta en mystur?

Det är A som frågar. Nyduschad och med tunn pyjamas kliver han in i bilen. Det är strax innan läggdags. Han sitter nu i framsätet, med fläkten på och händerna kupade kring varmluften som strömmar in. På stereon spelar vi Kjell Höglund. Vi kör långsamt utan säkerhetsbälten. Först upp till Bergtorp och sedan ned till Bröstorp, den långa vägen via sommarstugsområdet. Sammanlagt en knapp kilometer. Jag stryker honom över ryggen och sluter handen lätt runt hans nacke. Det är en mystur.

När jag inte har några ord
inte vet namnet
på den blomma jag avnjuter,
på kompositören vars musik lyfter mig,
på barnet som fångar min glädje...

Det gör inget. Oväsentligheterna trängs i mitten.
Upplevelsen rör sig oväntat ofta
i periferin.

Liten, känner jag mig.
Okunnig och lite sinnesslö.

Men jag vägrar förakta det naiva.
Och rätten att flyta med min känsla.

En musselmänniska

Såg ni musselmänniskorna? Såg ni hur den tomma blicken brann? Hörde ni den lövtunna andningens vrål? Stå upp för mig! Rädda mig! Snälla.

Vad gör du nu, när någon börjar sin sanning med ordet *turkjävel*? Vad gör du nu när generaliseringarna sveper bort all reson? När din vän sätter armbågen i din sida och hånler åt zigenarbarnen, vad gör du då? Vad gör du när de slår och sticker djupt med sylvassa ironier? Vad gör du, när de vill ha dig med?

Andningen har sedan länge upphört och ögonen vänt sig inåt. Musselmänniskorna finns inte mer. Men du finns. Din resa är inte över. Några steg till ska du ta. Och se! Ändå. Du har en ny vän vid din sida.

En musselmänniska.

Björkarnas by

Det är vår i Björkarnas by. Vi lämnar tågvagnarna, skriken och kaoset bakom oss. Solen värmer min rygg och mor håller min hand. Vi färdas till fots under en skör klarblå majhimmel. Såriga knän sticker fram under kanten på min kjol. Vi går, jag och mor tillsammans med många andra. Dammet från vägen stiger som en sommardimma och omsluter mig med minnen av humlornas surr. Jag längtar dit. Till humlorna och det höga gräset.

Jag känner min mors hand, hennes grova hy, den bestämda tummen och lillfingrets lätta rörelse över min handled. Som alltid, fram och tillbaka. Om och om igen. Jag ser hennes arm, och den korta blommiga ärmen på hennes klänning. Den smala och starka nacken. Hennes bortvända ansikte, med blicken syftande uppåt. Vad ser hon på?

Vad är det för rök? Min fråga får henne att stanna. Hon håller sin fria hand bakom mitt öra och hennes ögon blänker när hon ser rakt in i mig. Hon är tyst en stund och undrar sedan om jag ser att det är vår, om jag ser hur ljust gröna bladen är på de nyutslagna björkarna? Jag nickar. Min mor håller min hand så hårt nu, som om hon aldrig tänkt att släppa den.

Vi går på en väg jag och min mor, vi håller varandras händer och sommaren är snart här. Bladen slår ut. Vi är äntligen framme. Jag och mor, i Björkarnas by.

Vara nöjd

Jag läser de två sista sidorna ur Olof Lagercrantz " Om konsten att läsa och skriva". Det är så jag har börjat läsa böcker. Varför vet jag inte. Slår upp dem på måfå och läser sedan ett par sidor, eller kanske tre.

När jag når punkten på sista sidan känner jag mig ovärdig, liksom stel. Som en hockeyspelare i full mundering, som på allvar trott att han graciöst ska smälta in och mäta sig med ballerinorna på Cullbergbaletten.

För visst drömmer jag också, drömmer om att kunna föra pennan bortom papprets två dimensioner, bortom det till synes skrivna - till den plats där ljuset tränger fram. Där, där Olof är.

Efter en stund i eftertanke bleknar drömmen, bleknar till en paragraf. En rättighetsparagraf. Grå och enkel. Jag har rätt att skriva och jag får vara nöjd därmed.